CW01183863

ΝΟΒΑΛΙΣ

ΥΜΝΟΙ ΣΤΗ ΝΥΧΤΑ

1.

Η έκδοση του 1800

2.

Το χειρόγραφο του 1799

Νοβάλις: Ύμνοι στη Νύχτα
Novalis: Hymnen an die Nachtz
Μετάφραση: Γρηγόρης Βαλατσός
Οι «Ύμνοι στη Νύχτα» του Νοβάλις (ψευδώνυμο του Georg Philipp Friedrich Freiherr von Hardenberg, 1772 - 1801) εκδόθηκαν για πρώτη φορά το 1800 στο περιοδικό «Athenäum» με εκδότες τους αδελφούς August Wilhelm Schlegel και Friedrich Schlegel στο Βερολίνο. Το χειρόγραφο των «Ύμνων στη Νύχτα» εκδόθηκε για πρώτη φορά το 1907 σε επιμέλεια του J. Minor στην έκδοση «Novalis Schriften» από τον εκδοτικό Eugen Diederichs Verlag, στην Ιένα.
Το εξώφυλλο είναι μια δημιουργία του ατελιέ των Εκδόσεων Στέγη

Επικοινωνία: ekdoseisstegi@gmail.com

ISBN 978-618-87381-2-6

Εισαγωγικό σημείωμα

Παραδίδουμε σήμερα στο ελληνικό αναγνωστικό κοινό μια νέα, σύγχρονη μετάφραση των «Ύμνων στη Νύχτα» του Νοβάλις (ψευδώνυμο του Georg Philipp Friedrich Freiherr von Hardenberg, 1772-1801), ενός από τους σημαντικότερους Ευρωπαίους ποιητές.

Και για πρώτη φορά στα ελληνικά, παρουσιάζουμε στο δεύτερο μέρος αυτής της έκδοσης μεταφρασμένη ολόκληρη την χειρόγραφη εκδοχή των «Ύμνων στη Νύχτα», χρονολογούμενη το 1799.

Ο Νοβάλις, με το βαθιά στοχαστικό του ύφος, επηρέασε καθοριστικά τη σύγχρονη ποίηση και σκέψη, αποτελώντας πηγή έμπνευσης για κορυφαίους δημιουργούς, ανάμεσά τους και ο Οδυσσέας Ελύτης, ο οποίος τοποθετεί τους «Ύμνους στη Νύχτα» ανάμεσα στα κορυφαία έργα της παγκόσμιας λογοτεχνίας, μαζί με την «Οδύσσεια» του Όμηρου και τους «Ελεύθερους Πολιορκημένους» του Διονύσιου Σολωμού.

Αυτή η προσέγγιση επιτρέπει στον Έλληνα αναγνώστη να εισχωρήσει στο «εργαστήριο» της δημιουργίας του Νοβάλις και να παρακολουθήσει πώς η ποιητική σκέψη εξελίσσεται από τη χειρόγραφη μορφή του έργου έως την τυπωμένη εκδοχή του το 1800 στο περιοδικό «Athenäum».

Στην πορεία από τη χειρόγραφη μορφή στο τυπωμένο κείμενο ο Νοβάλις μετατρέπει ένα μεγάλο μέρος των ελεύθερων στίχων της χειρόγραφης εκδοχής σε μια ποιητική πρόζα εξίσου ελεύθερη και τολμηρά σύγχρονη, που συνεχίζει να εκπλήσσει και να γοητεύει μέχρι σήμερα.

Με αυτή τη νέα μετάφραση, φιλοδοξούμε να φέρουμε το ελληνικό αναγνωστικό κοινό πιο κοντά στη μαγεία της ποίησης του Νοβάλις, αναδεικνύοντας την πολυδιάστατη συμβολή του στην ευρωπαϊκή λογοτεχνία και σκέψη.

Σημείωση:

Ως προς την στίξη του κειμένου ακολουθούμε και στα ελληνικά πιστά τη στίξη των δύο γερμανικών εκδόσεων που αναγράφονται στη σελίδα 4.

ΝΟΒΑΛΙΣ

ΥΜΝΟΙ ΣΤΗ ΝΥΧΤΑ

Ι.

Η έκδοση του 1800

1.

Ποιος ζωντανός, προικισμένος με αισθήσεις, δεν αγαπάει, πριν από όλα τα θαυμαστά φαινόμενα του διάχυτου γύρω χώρου, το ολόχαρο φως — με τα χρώματά του, τις ακτίνες και τα κύματά του· την ήπια πανταχού παρουσία του, ως αφυπνίζουσα ημέρα. Σαν της ζωής την εσώτατη ψυχή ανασαίνει το φως ο γιγάντιος κόσμος των αεικίνητων αστεριών, και κολυμπάει χορεύοντας στη γαλάζια του πλημμύρα —

το ανασαίνει η απαστράπτουσα, αιώνια αναπαυόμενη πέτρα, το στοχαστικό, θηλάζον φυτό, και το άγριο, φλεγόμενο, πολύμορφο ζώο — όμως πάνω από όλα ο θαυματουργός ξένος με τα έλλογα μάτια, το αιωρούμενο περπάτημα, τα απαλόκλειστα και πολύφωνα χείλη. Σαν βασιλιάς της γήινης φύσης το φως καλεί κάθε δύναμη σε αναρίθμητες μεταμορφώσεις, συνάπτει και διαλύει αμέτρητες συμμαχίες, περιβάλλει με την ουράνια εικόνα του κάθε γήινο πλάσμα. — Η παρουσία του και μόνο φανερώνει το θαυμαστό μεγαλείο των βασιλείων του κόσμου.

Κάτω στρέφομαι στην ιερή, ανείπωτη, γεμάτη μυστικά νύχτα. Πέρα μακριά βρίσκεται ο κόσμος — σε μια βαθιά κρύπτη βυθισμένος — έρημη και μοναχική είναι η θέση του. Στα στήθη φυσάει βαθιά μελαγχολία. Σε δροσοσταλίδες θέλω να βυθιστώ και με τη στάχτη να αναμειχθώ. — Μακρινοί τόποι της ανάμνησης, επιθυμίες της νιότης, της παιδικής ηλικίας όνειρα, ολόκληρης της μακράς ζωής μικρές χαρές και μάταιες ελπίδες έρχονται με σταχτιές φορεσιές, σαν την νυχτερινή ομίχλη μετά τη δύση του ήλιου. Σε άλλους τόπους στήνει τις πρόσχαρες σκήτες το φως. Δεν θα έπρεπε κάποτε να επιστρέψει στα παιδιά του, που το περιμένουν με την αθωότητα της πίστης;

Τι ξεπηδάει μονομιάς τόσο γεμάτο υπόνοιες κάτω από την καρδιά, και καταπίνει της μελαγχολίας τον απαλό αέρα; Έχεις κι εσύ χαρά για εμάς, σκοτεινή νύχτα; Τι κρατάς κάτω από το πανωφόρι σου, που αόρατα και αδυσώπητα αγγίζει την ψυχή μου; Πολύτιμο βάλσαμο ρέει από το χέρι σου, από ένα ματσάκι παπαρούνες. Τα βαριά φτερά του νου σηκώνεις ψηλά. Σκοτεινά και ανείπωτα νιώθουμε συγκινημένοι — ένα σοβαρό πρόσωπο βλέπω εγώ χαρούμενα ταραγμένος, που απαλά και γεμάτο ευλάβεια γέρνει προς τα εμένα, και κάτω από τις πολυπλεγμένες μπούκλες της Μητέρας εμφανίζει την αγαπημένη νιότη. Πόσο φτωχικό και παιδιάστικο μου φαίνεται τώρα το φως — πόσο ευχάριστος και ευλογημένος της μέρας ο αποχωρισμός — Άρα μόνο για αυτό, γιατί η νύχτα απομακρύνει από εσένα τους υποτελείς, έσπειρες μες του τόπου την άπλα τις λαμπερές σφαίρες, για να διακηρύττουν την παντοδυναμία σου — την επιστροφή σου — στους καιρούς της απομάκρυνσής σου. Πιότερο επουράνια, από εκείνα τα αστραφτερά αστέρια, μας φαίνονται τα αμέτρητα μάτια, που η νύχτα άνοιξε μέσα μας. Βλέπουν μακρύτερα, από ότι οι πιο κάτωχροι εκείνων των αμέτρητων στρατιών — χωρίς να χρειάζονται φως διακρίνουν τα βάθη ενός νου που αγαπά — που γεμίζει έναν ανώτερο τόπο με ανείπωτη λαγνεία. Δόξα στη βασίλισσα του κόσμου, την υψηλή αγγελιαφόρο των ιερών κόσμων, την τροφό της ευλογημένης αγάπης — μου στέλνει εσένα — τρυφερή ερωμένη — γλυκέ ήλιε της νύχτας — τώρα ξυπνάω — γιατί Δικός σου είμαι και Δικός μου — κήρυξες τη νύχτα στη ζωή μου — με έκανες άνθρωπο — ανάλωσε με τη θέρμη του πνεύματος το σώμα μου, ώστε ανάλαφρα με σένα πιο στενά να σμίξω και τότε αιώνια η νυφική νύχτα θα κρατήσει.

2.

Πρέπει πάντα να επιστρέφει η αυγή; Δεν τελειώνει ποτέ των επίγειων η βία; ολέθρια πολυπραγμοσύνη κατατρώει το ουράνιο πλησίασμα της νύχτας. Ποτέ δεν θα καίει αιώνια της αγάπης η μυστική θυσία; Έχει αποδοθεί στο φως ο καιρός του· όμως άχρονη και άχωρη είναι της νύχτας η εξουσία. — Παντοτινή η διάρκεια του ύπνου. Ιερέ ύπνε — αγαλλιάζεις πολύ σπάνια όσους δεν είναι ταμένοι στη νύχτα σε ετούτη την επίγεια καθημερινότητα. Μόνο οι μωροί σε παραβλέπουν και δεν γνωρίζουν κανέναν άλλον ύπνο, παρά την σκιά, την οποία εσύ στο σούρουπο της αληθινής νύχτας συμπονετικά ρίχνεις επάνω μας. Δεν σε αισθάνονται στη χρυσή πλημμύρα των σταφυλιών — στης αμυγδαλιάς το θαυματουργό έλαιο, και τον καστανό χυμό της παπαρούνας. Δεν γνωρίζουν, πως είσαι εσύ εκείνος που στου τρυφερού κοριτσιού τον κόρφο περιπλανιέσαι και κάνεις την αγκαλιά ουρανό — δεν υποψιάζονται πως από παλιές ιστορίες ανοίγοντας τον ουρανό πλησιάζεις, και κουβαλάς το κλειδί για τις κατοικίες των ευλογημένων, άπειρων μυστικών σιωπηλέ αγγελιαφόρε.

3.

Κάποτε όταν έχυνα δάκρυα πικρά, όταν διαλυμένη έλιωνε στον πόνο η ελπίδα μου, και μόνος στεκόμουν στον κάτισχνο χωμάτινο τάφο, που έκρυβε στον στενό, σκοτεινό χώρο τη μορφή της ζωής μου — μόνος, όπως κανένας μοναχικός δεν ήταν ποτέ, παρακινούμενος από ανείπωτο φόβο — αδύναμος, μόνο μια σκέψη της δυστυχίας πλέον. — Καθώς κοιτούσα εκεί για βοήθεια, να πάω μπροστά δεν μπορούσα και μήτε προς τα πίσω, και κρεμόμουν στη φευγαλέα, τη σβησμένη ζωή με άπειρη λαχτάρα: — τότε ήρθε από τον γαλανό ουρανό — από τα ύψη της παλιάς μου ευδαιμονίας ένα ρίγος λυκόφωτος — και μονομιάς σκίστηκε το νήμα της γέννας — τα δεσμά του φωτός. Μακριά πέταξε το γήινο μεγαλείο κι η θλίψη μου μαζί του — μαζί κύλησε η μελαγχολία σε έναν νέο ανεξιχνίαστο κόσμο — εσύ νυχτερινέ ενθουσιασμέ, γλυκέ ύπνε του ουρανού με κυρίευσες — ο τόπος ανέβηκε απαλά προς τα πάνω· και πάνω από τον τόπο αιωρείτο το απελεύθερο, νεογέννητο πνεύμα μου. Σύννεφο σκόνης έγινε ο χωμάτινος τάφος — και μέσα του είδα την εκστατική μορφή της αγαπημένης. Στα μάτια της αναπαυόταν η αιωνιότητα — έπιασα τα χέρια της, και τα δάκρυα έγιναν μια αστραφτερή, άρρηκτη κορδέλα. Χιλιάδες χρόνια αποτραβιόνταν κάτω στα ξένα, σαν καταιγίδα. Στον λαιμό της έκλαψα για τη νέα ζωή με δάκρυα ενθουσιασμού. — Ήταν το πρώτο, το μοναδικό όνειρο — και μονάχα από τότε νιώθω αιώνια, αμετάβλητη πίστη στον ουρανό της νύχτας, και το φως του, την αγαπημένη μου.

4.

Τώρα ξέρω πότε θα έρθει η τελευταία αυγή — όταν το φως δεν θα διώχνει πια τη νύχτα και την αγάπη — όταν ο γλυκός ύπνος θα είναι αιώνιος και μόνο Ένα ανεξάντλητο όνειρο. Ουράνια κούραση νιώθω μέσα μου. — Μακρύ και κουραστικό ήταν για εμένα το προσκύνημα στον ιερό τάφο, βαρύς ο σταυρός. Το κρυστάλλινο κύμα, που ακατάληπτο στις κοινές αισθήσεις, στου τάφου τη σκοτεινή αγκαλιά αναβλύζει, και στα πόδια του σκάει η γήινη πλημμύρα, όποιος το γεύτηκε, όποιος πάνω στεκόταν στο διάσελο του κόσμου, και κοίταξε πέρα στη νέα γη, στην κατοικία της νύχτας — πράγματι αυτός δεν γυρνά πίσω στον χαμό του κόσμου, στη γη, όπου το φως κατοικεί σε αιώνια ανησυχία.

Ψηλά χτίζει καλύβες, καλύβες ειρήνης, νοσταλγεί και αγαπά, κοιτάζει πέρα, μέχρι που η πιο ευπρόσδεκτη από όλες τις ώρες τον τραβάει κάτω στο πηγάδι της πηγής — το γήινο κολυμπάει εκεί πάνω, οι θύελλες το οδηγούν πίσω, όμως ό,τι ιερό έγινε μέσα από της αγάπης το άγγιγμα, κυλάει διαλυμένο σε κρυφές οδούς προς εκείνον τον πέρα τόπο, όπου σαν τα αρώματα, αναμειγνύεται με κοιμισμένες αγάπες. Ακόμα ξυπνάς πρόσχαρο φως τον κουρασμένο για δουλειά — χαρούμενη ζωή μου ενσταλάζεις — αλλά δεν με παρασύρεις από της ανάμνησης το λασπωμένο μνημείο. Με χαρά θέλω να αγγίξω τα φιλόπονα χέρια, να κοιτάξω παντού, όπου με χρειάζεσαι — να υμνήσω της λάμψης σου το μεγαλείο —

ακούραστα να ακολουθήσω του περίτεχνου έργου σου την όμορφη συνοχή — χαρούμενα να παρατηρήσω του θεόρατου, φωτεινού ρολογιού σου τη σημαίνουσα πορεία — να ανακαλύψω τη συμμετρία των δυνάμεων και τους κανόνες του θαυμαστού παιχνιδιού αμέτρητων τόπων και των χρόνων τους. Όμως πιστή στη νύχτα μένει η κρυφή μου καρδιά, και στη δημιουργό αγάπη, την κόρη της. Μπορείς να μου δείξεις μια αιώνια πιστή καρδιά; έχει ο ήλιος σου φιλικά μάτια που με αναγνωρίζουν; Αγγίζουν τα αστέρια σου τα όλο λαχτάρα χέρια μου; Μου δίνουν ξανά το τρυφερό άγγιγμα και τον λατρεμένο λόγο; Εσύ κόσμησες με χρώματα κι ανάλαφρα σχήματα — ή ήταν εκείνη που έδωσε στον στολισμό σου πιο υψηλή, πιο αγαπητή σημασία; Ποια λαγνεία, ποια απόλαυση προσφέρει η ζωή σου, που αντισταθμίζουν του θανάτου τις σαγήνες; Δεν κουβαλούν όλα, όσα μας συναρπάζουν, το χρώμα της νύχτας; Σε κουβαλάει μητρικά και σε εκείνην χρωστάς όλη σου την μεγαλοπρέπεια. Διαλυόσουν μέσα σου — έλιωνες στον απέραντο χώρο, αν δεν σε κρατούσε, αν δεν σε έδενε, ώστε να ζεσταθείς και με φλόγα να γεννήσεις τον κόσμο. Πράγματι υπήρχα, πριν υπάρξεις — η Μητέρα με έστειλε με τα αδέρφια μου, να κατοικήσω τον κόσμο σου, να τον καθαγιάσω με αγάπη, ώστε να γίνει ένα αιώνια ακριβοθώρητο μνημείο — να τον σπείρω με αμάραντα λουλούδια.

Ακόμα δεν ωρίμασαν αυτοί οι θεϊκοί στοχασμοί — Ακόμα τα ίχνη της αποκάλυψής μας είναι λίγα — Κάποτε το ρολόι σου θα σημάνει το τέλος του χρόνου, όταν θα γίνεις σαν ένας από εμάς, και γεμάτος λαχτάρα και θέρμη σβήσεις και πεθάνεις. Μέσα μου νιώθω της πολυπραγμοσύνης σου το τέλος — ουράνια ελευθερία, μακάρια επιστροφή. Με άγριους πόνους αναγνωρίζω την απόστασή σου από την πατρίδα μας, την αντίστασή σου ενάντια στον παλιό, κραταιό ουρανό. Η οργή σου και η μανία σου είναι μάταιες. Άκαυστος ορθώνεται ο σταυρός — Σημαία νίκης του γένους μας.

Στην άλλη μεριά περπατώ
Και κάθε πόνος
Κάποτε ένα αγκάθι
Του πόθου θα γίνει.
Ακόμα λίγο καιρό,
Ελεύθερος θα 'μαι
Και σε μέθη θα κείτομαι
Στης αγάπης την αγκαλιά.
Ατελείωτη ζωή
Κυματίζει δυνατά μέσα μου
Κοιτάζω από ψηλά
Κάτω για εσένα.
Σε εκείνον τον χωμάτινο τάφο
Η λάμψη σου σβήνει —
Μια σκιά φέρνει
Το στεφάνι που δροσίζει.
Ω! πιες, αγαπημένε,
Εμένα με βία,
Ώστε απαλά να πεθαίνω
Και να μπορώ να αγαπώ.
Νιώθω του θανάτου

Την αναζωογονητική πλημμύρα,
Σε βάλσαμο και αιθέρα
Μεταμορφώνει το αίμα μου —
Ζω την ημέρα
Γεμάτος πίστη και θάρρος
Και πεθαίνω τις νύχτες
Με ζήλο ιερό.

5.

Στων ανθρώπων τις σκόρπιες γενιές κυριαρχούσε πριν καιρούς μια σιδερένια μοίρα με σιωπηλή βία. — Σκοτεινά, βαριά δεσμά απλώνονταν γύρω από τη φοβισμένη ψυχή τους — Αχανής ήταν η γη — των θεών κατοικία και πατρίδα τους. Από αιωνιότητες ορθωνόταν το γεμάτο μυστήρια κτίσμα τους. Πάνω από της αυγής τα κόκκινα βουνά, στης θάλασσας την ιερή αγκαλιά κατοικούσε ο ήλιος, το ζωντανό, που τα πάντα φλέγει, φως. Ένας αρχαίος γίγας κουβαλούσε τον ευλογημένο κόσμο. Στέρεα κάτω από όρη κείτονταν οι αρχέγονοι γιοι της μητέρας γης. Ανίσχυροι στην καταστροφική τους οργή ενάντια στο νέο, ένδοξο γένος των θεών και των συγγενών τους, τους πρόσχαρους ανθρώπους. Της θάλασσας τα σκοτεινά, πράσινα βάθη ήταν η αγκαλιά μιας θεάς. Στις κρυστάλλινες σπηλιές ευημερούσε ένας πλούσιος λαός. Ποτάμια, δέντρα, λουλούδια και ζώα είχαν ανθρώπινο νου. Γλυκύτερη γεύση είχε το κρασί κερασμένο από φανερό νεανικό σφρίγος — ένας θεός μέσα στα σταφύλια — μια στοργική, μητρική θεά, που υψωνόταν σε γεμάτες χρυσές θημωνιές — της αγάπης ιερή μέθη μια γλυκιά προσφορά της ομορφότερης γυναίκας θεάς — αιώνια πολύχρωμη γιορτή των παιδιών του ουρανού και των κατοίκων της γης βούιζε η ζωή, σαν μια άνοιξη, μέσα από τους αιώνες — Όλα τα γένη τιμούσαν σαν παιδιά την απαλή, χιλιόμορφη φλόγα, ως το ύψιστο του κόσμου. Μία σκέψη μόνο ήταν αυτό, Μια τρομερή ονειρική εικόνα,

Που φοβερά πλησίαζε τα χαρωπά γλέντια
Και τον νου σε άγριο τρόμο τύλιγε.
Εδώ ακόμα κι οι θεοί δεν είχαν καμιά συμβουλή
Το ανήσυχο στήθος με παρηγοριά να γεμίζει.
Γεμάτο μυστικά ήταν τούτου του δαίμονα το μονοπάτι
Την οργή του καμιά ικεσία και κανένα τάμα δεν χόρταινε·
Ήταν ο θάνατος, που ετούτο το ηδονικό γλέντι
Με φόβο και πόνο και δάκρυα διέκοψε.

Αιώνια τώρα από όλα αποκομμένος,
Κάτι που εδώθε την καρδιά με γλυκό πόθο ταράζει,
Χωρισμένος από τους αγαπημένους, που εδώ κάτω
Η μάταιη λαχτάρα, κι ο βαρύς πόνος τους κινεί,
Φάνηκε όνειρο μουντό για τον νεκρό μόνο προορισμένο,
Ανήμπορος αγώνας σε εκείνον επιβεβλημένος.
Σπασμένο ήταν το κύμα της απόλαυσης
Στα βράχια της απέραντης πικρίας.

Με τολμηρό πνεύμα και υψηλή λάμψη του νου
Ομόρφαινε ο άνθρωπος τη φρικτή μάσκα,
Ένας ήρεμος έφηβος σβήνει το φως και αναπαύεται —
Πράο θα είναι το τέλος, σαν την πνοή της άρπας.
Η μνήμη λιώνει σε μια δροσερή πλημμύρα σκιάς,
Έτσι διαλαλούσε το άσμα τη θλιβερή ανάγκη.
Όμως ανεξήγητη έμεινε η αιώνια νύχτα,
Σημάδι αυστηρό μιας απόμακρης εξουσίας.

Στο τέλος του έγερνε ο αρχαίος κόσμος. Του νέου γένους ο εύφορος κήπος μαραινόταν — ψηλά στον ελεύθερο και έρημο τόπο κινούσαν οι πρώιμα γερασμένοι άνθρωποι. Οι θεοί χαθήκαν με την ακολουθία τους — Μονάχη και άψυχη στεκόταν η φύση. Με σιδερένια αλυσίδα την έδενε ο ισχνός αριθμός και το αυστηρό μέτρο. Σαν μέσα σε σκόνη και αέρα διαλυόταν σε σκοτεινές λέξεις το απροσμέτρητο άνθος της ζωής. Είχε χαθεί η πίστη που εξορκίζει, και η σύντροφος του ουρανού, η φαντασία, που τα πάντα μεταμορφώνει και τα πάντα εξαδελφίζει. Εχθρικά φύσηξε ένας ψυχρός βόρειος άνεμος στον παγωμένο κάμπο, κι η ψυχρή, θαυμαστή πατρίδα εξανεμίστηκε στον αιθέρα. Τα πέρατα του ουρανού γεμίσαν με φωτεινούς κόσμους. Στο πιο βαθύ ιερό, στου νου τον υψηλότερο τόπο κίνησε μαζί με τις δυνάμεις της η ψυχή του κόσμου — ώστε να κυριαρχεί εκεί μέχρι τον ερχομό του μεγαλείου της εποχής που ξημερώνει. Δεν ήταν πια το φως των θεών κατοικία κι ουράνιο σημάδι — το πέπλο της νύχτας έριξαν επάνω τους. Η νύχτα έγινε των αποκαλύψεων κραταιή αγκαλιά — σε αυτήν επέστρεφαν οι θεοί — γλυκοκοιμόντουσαν, για να ξανάρθουν με νέες, πιο θαυμαστές μορφές πάνω από τον αλλαγμένο κόσμο. Στον λαό, που από όλους περιφρονημένος κι έτσι πρόωρα ώριμος και στην μακάρια αθωότητα της νιότης πεισματικά ξένος, εμφανίστηκε με πρωτόφαντο πρόσωπο ο νέος κόσμος — Στην ποιητική φτώχια μιας καλύβας — Γιος της πρώτης Παρθένου και Μητέρας — Μυστικού εναγκαλισμού απέραντος καρπός. Της Ανατολής η προφητική, ανθηρή σοφία αναγνώρισε πρώτη της νέας εποχής το ξεκίνημα — Προς του βασιλιά την ταπεινή κοιτίδα της έδειξε ένα αστέρι τον δρόμο. Στο όνομα του μακρινού μέλλοντος τον προσκύνησαν με λάμψη και μύρο, τα ύψιστα θαύματα της φύσης. Μοναχικά ξεδιπλώθηκε η ουράνια καρδιά σε κάλυκα ανθού παντοδύναμης αγάπης — στραμμένη στου Πατέρα την ύψιστη όψη και αναπαυόμενη στα προφητικά μακάρια στήθη της γλυκά αυστηρής Μητέρας. Με θείο πάθος κοιτούσε το προφητικό μάτι του παιδιού που άνθιζε τις μέρες του μέλλοντος, έψαχνε τους αγαπημένους του, τους απόγονους της θεϊκής γενιάς του, αμέριμνο για τη μοίρα των ημερών του στη γη. Τα πιο αθώα πνεύματα σύντομα μαζεύτηκαν γύρω του θαυματουργά συγκινημένα από την πιο βαθιά αγάπη. Σαν τα λουλούδια βλάσταινε μια νέα, άγνωστη ζωή πλησίον του. Ανεξάντλητος λόγος και τα πιο πρόσχαρα κηρύγματα έβγαιναν σαν σπίθες ενός θείου πνεύματος από τα φίλια χείλη του. Από μακρινή ακτή, κάτω από της Ελλάδας τον καθαρό ουρανό γεννημένος, ήρθε ένας βάρδος στην Παλαιστίνη και έδωσε όλη του την καρδιά στο θαυματουργό παιδί:

Ο έφηβος είσαι εσύ, που από πολύ καιρό
στα μνήματά μας στέκεσαι με σκέψη βαθιά,
Παρήγορο σημάδι μες τη σκοτεινιά —
Των ύψιστων ανθρώπων χαρμόσυνη αρχή.
Ό,τι μας βούλιαξε σε θλίψη βαθιά
Μας τραβάει με γλυκιά λαχτάρα τώρα από εδώ.
Μέσα στον θάνατο φανερώθηκε η αιώνια ζωή,
Εσύ είσαι ο θάνατος κι εσύ μόνο μας θεραπεύεις.

Ο βάρδος πήγε γεμάτος χαρά στο Ινδουστάν — η καρδιά του από γλυκιά αγάπη μεθυσμένη· την άδειασε με πύρινα τραγούδια κάτω από αυτόν τον απαλό ουρανό, έτσι που χιλιάδες καρδιές υποκλίνονταν σε εκείνον, και το χαρμόσυνο μήνυμα μεγάλωνε χίλιες φορές διακλαδισμένο. Λίγο μετά από του βάρδου τον αποχαιρετισμό η πολύτιμη ζωή έπεσε θύμα της βαθιάς κατάρρευσης του ανθρώπου — Πέθανε Εκείνος σε νεαρή ηλικία, ξεριζωμένος από τον αγαπημένο κόσμο και τους λιγόψυχους φίλους του, μακριά από την κλαίουσα Μητέρα. Των ανείπωτων οδυνών το σκοτεινό δισκοπότηρο άδειασε το αγαπημένο του στόμα — Με φρικτό φόβο πλησίαζε η ώρα της γέννησης του νέου κόσμου. Σκληρά πάλευε με του παλιού θανάτου τον τρόμο — Κειτόταν το βάρος του παλιού κόσμου πάνω του. Για στερνή φορά έριξε μια φιλική ματιά προς τη Μητέρα — τότε ήρθε της αιώνιας αγάπης το λυτρωτικό χέρι — και ξεψύχησε. Για λίγες μόνο ημέρες κρεμόταν βαθύ ένα πέπλο πάνω από τη φουρτουνιασμένη θάλασσα, πάνω από τη σειώμενη γη — αμέτρητα δάκρυα κυλούσαν από τους αγαπημένους — Έσπασε η σφραγίδα του μυστικού — ουράνια πνεύματα ανύψωναν την πανάρχαια πέτρα από τον σκοτεινό τάφο. Άγγελοι κάθονταν δίπλα στον πεθαμένο — από τα όνειρά του εύθραυστα πλασμένοι — Αναστημένος με νέο θεϊκό μεγαλείο ανήλθε στα ύψη του νεογέννητου κόσμου — έθαψε με το ίδιο του το χέρι των αρχαίων τη σορό στην εγκαταλειμμένη σπηλιά, και κύλησε με παντοδύναμο χέρι την πέτρα, που καμία δύναμη δεν σηκώνει, επάνω της.

Ακόμα κλαίνε οι αγαπημένοι σου δάκρυα χαράς, δάκρυα συγκίνησης και απέραντης ευγνωμοσύνης στον τάφο σου — σε βλέπουν ακόμα χαρμόσυνα φοβισμένοι, να ανασταίνεσαι — και τον εαυτό τους μαζί σου· σε κοιτάζουν να κλαις με πάθος γλυκό στης Μητέρας το ευλογημένο στήθος, σοβαρός με του φίλους να περπατάς, λέξεις να λες, από το δέντρο της ζωής παρμένες· να σπεύδεις γεμάτος λαχτάρα στου Πατέρα την αγκαλιά, κουβαλώντας τη νεαρή ανθρωπότητα, και του χρυσού μέλλοντος το αστείρευτο κύπελο. Η Μητέρα έσπευσε σύντομα κατόπιν σου — με ουράνιο θρίαμβο — Πρώτη ήταν στη νέα πατρίδα δίπλα σου. Μακρύς καιρός πέρασε από τότε, και με πάντα υψηλότερο θάμβος χτιζόταν η νέα σου δημιουργία — και χιλιάδες πέρα από πόνους και βάσανα σε ακολούθησαν γεμάτοι πίστη και λαχτάρα και αφοσίωση — βαδίζουν μαζί σου και με την ουράνια Παρθένο στο βασίλειο της αγάπης —

υπηρετούν στο ναό του επουράνιου θανάτου και είναι στην αιωνιότητα δικοί σου.

Ανυψώθηκε η πέτρα —
Η ανθρωπότητα αναστήθηκε —
Εμείς όλοι παραμένουμε δικοί σου
Και δεν μας κρατούν δεσμά.
Χάνεται ο πιο πικρός καημός
μπρος στη χρυσή σου κούπα,
Όταν γη και ζωή δίνουν τόπο,
Στο τελευταίο δείπνο.

Σε γάμο καλεί ο θάνατος —
Τα λυχνάρια καίνε φωτεινά —
Οι παρθένες είναι στη θέση τους
Για έλαιο δεν υπάρχει ανάγκη —
Ας αντηχούσε στα ξένα
Η πορεία σου η μακρά,
Κι ας μας καλούσαν τα αστέρια
Με ανθρώπινη λαλιά.

Προς εσένα, Μαρία, ανυψώνονται
Ήδη χιλιάδες καρδιές.
Σε ετούτη της σκιάς ζωή
Αποζητούν μόνο εσένα.
Εύχονται να ιαθούν
Με προφητική χαρά —
Τους αγκαλιάζεις, Άγιο ον,
Στο πιστό σου στήθος.

Έτσι όσοι φλεγόμενοι
σε βάσανα αναλώθηκαν πικρά,
Από ετούτον δραπετεύοντας τον κόσμο
Επέστρεψαν σε εσένα·
Και μας φάνηκαν χρήσιμοι
Σε κάποια ανάγκη και πόνο —
Σε εκείνους ερχόμαστε τώρα
Ώστε αιώνια να είμαστε εκεί.

Τώρα δεν κλαίει σε κανέναν τάφο,
Από πόνο, όποιος αγαπώντας πιστεύει.
Της αγάπης το γλυκό βιός
Δεν κλέβεται από κανέναν —
Την λαχτάρα του για να απαλύνει,

Τον εμψυχώνει η νύχτα —
Πιστά ουράνια παιδιά
Φυλάσσουν την καρδιά του.

Παρήγορα η ζωή καλπάζει
Προς την αιώνια ζωή·
Από εσώτερη λάμψη διευρυμένος
εκστατικός μένει ο δικός μας νους.
Των αστεριών ο κόσμος θα λιώσει
σε χρυσό κρασί της ζωής,
Εμείς θα τα γευτούμε
Κι άστρα θα γίνουμε φωτεινά.

Η αγάπη δόθηκε ελεύθερα,
Και κανείς πια αποχωρισμός.
Κυματίζει ολόκληρη η ζωή
Σαν απέραντη θάλασσα.
Μόνο Μια νύχτα ευδαιμονίας —
Ένα αιώνιο ποίημα —
Κι όλων μας ο ήλιος
Η όψη του θεού.

6.

Λαχτάρα για τον θάνατο

Κάτω στης γης την αγκαλιά,
Μακριά από του φωτός τα βασίλεια,
Των πόνων η οργή και ο άγριος χτύπος
Χαρμόσυνο είναι σημάδι αναχώρησης.
Φτάνουμε μες τη βάρκα τη στενή
γοργά στου ουρανού την ακτή,

Ευλογημένη η νύχτα η αιώνια,
Ευλογημένος ο αιώνιος ύπνος.
Η μέρα μας έχει ζεστάνει
Και μαράθηκε ο μακρύς καημός.
Ο πόθος των ξένων τόπων μας τελείωσε,
Στο σπίτι του Πατέρα θέλουμε να επιστρέψουμε.

Τι ψάχνουμε στον κόσμο αυτόν
Με την αγάπη και την πίστη μας.
Το παλιό μένει πίσω
Τι να μας κάνει το καινούργιο.
Ω! μοναχικός στέκεται και βαθιά θλιμμένος,
Όποιος με θέρμη και ευλάβεια τους παλιούς καιρούς αγαπά.

Τότε όπου οι αισθήσεις φωτεινά
Με φλόγες καίγανε ψηλές,
Που του Πατέρα χείρα και μορφή
Οι άνθρωποι ακόμα αναγνώριζαν.
Και με αίσθηση υψηλή κι αγαθή,
Κάποιοι ακόμα στην εικόνα του έμοιαζαν.

Στο παρελθόν, όπου γεμάτες ανθούς ακόμα
Πανάρχαιες φυλές άκμαζαν,
Και παιδιά για το βασίλειο του ουρανού
Το μαρτύριο και τον θάνατο αποζητούσαν.
Κι αν πόθος και ζωή μιλούσαν
Κάποιες καρδιές για αγάπη ράγιζαν.

Στο παρελθόν, όπου στη φλόγα της νιότης
Ο ίδιος ο θεός φανέρωσε εαυτόν
Και πρώιμος θάνατος με θαρραλέα αγάπη
καθαγίασε τη γλυκιά του ζωή.
Και δίχως φόβο και πόνο να αποδιώξει,
Ώστε για εμάς πολύτιμος να μείνει.

Με αγωνία και λαχτάρα αυτά θωρούμε
Στη σκοτεινή νύχτα καλυμμένα,
Σε αυτήν τη ζωή ποτέ
Η καυτή δίψα δεν σβήνει.
Πρέπει να κινήσουμε για την πατρίδα,
Για να δούμε τα άγια εκείνα χρόνια.

Τι εμποδίζει ακόμα την επιστροφή μας,
Οι αγαπημένοι αναπαύονται από καιρό.
Ο τάφος τους κλείνει τη ζωή μας,
Μέσα μας οδύνη και φόβος.
Να αναζητήσουμε δεν έχουμε τίποτα πια —
Η καρδιά είναι πλήρης — ο κόσμος άδειος

Απέραντο και μυστηριώδες
μας διαπερνά γλυκό ρίγος —
Μου φάνηκε, αντηχούσε από βάθη μακρινά
Της θλίψης μας η ηχώ.
Οι αγαπημένοι νοσταλγούν κι αυτοί
Και μας στείλαν της λαχτάρας πνοή.

Εκεί κάτω στη γλυκιά νύφη,
Στον Ιησού, τον αγαπημένο —
Παρηγορημένο το λυκόφως χλομαίνει
Όσους αγαπούν, όσους θρηνούν.
Ένα όνειρο σπάει τα δεσμά μας
Και μας βυθίζει στου Πατέρα την αγκαλιά.

ΝΟΒΑΛΙΣ

ΥΜΝΟΙ ΣΤΗ ΝΥΧΤΑ

2.

Το χειρόγραφο του 1799

[1.]

Ποιος ζωντανός,

Προικισμένος με αισθήσεις,

Δεν αγαπάει πριν από όλα

Τα θαυμαστά φαινόμενα

Του διάχυτου γύρω χώρου

Το ολόχαρο φως —

Με τις ακτίνες και τα κύματά του,

Τα χρώματά του,

Την ήπια πανταχού παρουσία του

Στην ημέρα.

Σαν της ζωής

Την εσώτατη ψυχή
Ανασαίνει το φως ο γιγάντιος κόσμος
Των αεικίνητων αστεριών,
Που στη γαλάζια του θάλασσα κολυμπάνε,
Το ανασαίνει η απαστράπτουσα πέτρα,
Το ήσυχο φυτό
Και των ζώων
Η πολύμορφη,
Πάντα κινούμενη δύναμη —
Το ανασαίνουν πολύχρωμα
Σύννεφα κι αέρηδες
Και πάνω από όλα
Οι θαυματουργοί ξένοι
Με τα έλλογα μάτια
Το αιωρούμενο περπάτημα
Και το ηχηρό στόμα.
Σαν βασιλιάς
Της γήινης φύσης
Το φως καλεί κάθε δύναμη
Σε αναρίθμητες μεταμορφώσεις
Κι η παρουσία του και μόνο

Φανερώνει το θαυμαστό μεγαλείο
Του γήινου βασίλειου.
Κάτω στρέφομαι
Στην ιερή, ανείπωτη
Γεμάτη μυστικά νύχτα —
Πέρα μακριά βρίσκεται ο κόσμος,
Σαν βυθισμένος σε μια κρύπτη βαθιά,
Πόσο έρημη και μοναχική
Είναι η θέση του!
Βαθιά μελαγχολία
Στα στήθη φυσάει.
Μακρινοί τόποι της ανάμνησης
Επιθυμίες της νιότης
Της παιδικής ηλικίας όνειρα,
Ολόκληρης της μακράς ζωής
Μικρές χαρές
Και μάταιες ελπίδες
Έρχονται με σταχτιές φορεσιές
Σαν την νυχτερινή ομίχλη
Μετά του ήλιου
Τη δύση.

Πέρα μακριά κείται ο κόσμος
Με τις πολύχρωμες χαρές του.
Σε άλλους τόπους
Στήνει το φως
Τις πρόσχαρες σκήτες.
Δεν θα έπρεπε κάποτε να επιστρέψει
Στα πιστά παιδιά του,
Στους κήπους του
Στο θαυμαστό σπίτι του;
Όμως τι ξεπηδάει
Τόσο δροσερό και αναζωογονητικό
Τόσο γεμάτο υπόνοιες
Κάτω από την καρδιά
Και καταπίνει
Της μελαγχολίας τον απαλό αέρα;
Έχεις κι εσύ
Ανθρώπινη καρδιά
Σκοτεινή νύχτα;
Τι κρατάς
Κάτω από το πανωφόρι σου,
Που αόρατα και αδυσώπητα

Αγγίζει την ψυχή μου;
Δείχνεις μόνον τρομακτική —
Πολύτιμο βάλσαμο
Ρέει από το χέρι σου
Από ένα ματσάκι παπαρούνες.
Σε μέθη γλυκιά
Ξεδιπλώνεις τα βαριά φτερά του νου.
Και μας προσφέρεις χαρές
Σκοτεινές και ανείπωτα
Κρυφές, όπως είσαι κι εσύ,
Χαρές, που μας κάνουν
Να νιώθουμε έναν ουρανό.
Πόσο φτωχικό και παιδιάστικο
Μου φαίνεται τώρα το φως,
Με τα πολύχρωμα πράγματά του,
Πόσο ευχάριστος και ευλογημένος
Της μέρας ο αποχωρισμός.
Άρα μόνο για αυτό,
Γιατί η νύχτα από εσένα
Απομακρύνει τους υποτελείς
Έσπειρες

Μες του τόπου την άπλα
Τις λαμπερές σφαίρες,
Για να διακηρύττουν την παντοδυναμία σου,
Την επιστροφή σου
Στους καιρούς της απομάκρυνσής σου.
Πιότερο επουράνια από τα αστραφτερά αστέρια
Σε εκείνην την άπλα
Μας φαίνονται τα αμέτρητα μάτια,
Που η νύχτα
Άνοιξε μέσα μας.
Βλέπουν μακρύτερα
Από ότι οι πιο κάτωχροι
Εκείνων των αμέτρητων στρατιών
Χωρίς να χρειάζονται φως
Διακρίνουν τα βάθη
Ενός νου που αγαπά,
Που γεμίζει έναν ανώτερο τόπο
Με ανείπωτη λαγνεία.
Δόξα στη βασίλισσα του κόσμου,
Την υψηλή αγγελιαφόρο,
Των ιερών κόσμων,

Την τροφό

Της ευλογημένης αγάπης.

Έρχεσαι, αγαπημένη —

Η νύχτα, είναι εδώ —

Εκστατική είναι η ψυχή μου —

Πέρασε η επίγεια ημέρα

Κι είσαι πάλι δική μου.

Μες στο βαθύ σκοτεινό σου μάτι κοιτώ,

Δεν βλέπω τίποτα πέρα από αγάπη και ευδαιμονία.

Βουλιάζουμε στης νύχτας τον βωμό

Στο μαλακό κρεβάτι —

Πέφτει το κάλυμμα

Και αναμμένη από το θερμό εναγκαλισμό

Φλέγεται στης γλυκιάς θυσίας

Η αγνή πυρά.

[2.]

Πρέπει πάντα η αυγή να επιστρέφει;
Δεν τελειώνει ποτέ των επίγειων η βία;
Κατατρώει ολέθρια πολυπραγμοσύνη
Το ουράνιο πλησίασμα της νύχτας;
Ποτέ της αγάπης η μυστική θυσία
Δεν θα καίει αιώνια;
Έχει αποδοθεί
Στο φως ο καιρός του
Και στην αγρύπνια —
Όμως άχρονη είναι της νύχτας η εξουσία,
Παντοτινή η διάρκεια του ύπνου.

Ιερέ ύπνε!

Αγαλλιάζεις πολύ σπάνια

όσους δεν είναι ταμένοι στη νύχτα —

Σε ετούτη την επίγεια καθημερινότητα.

Μόνο οι μωροί σε παραβλέπουν

Και δεν γνωρίζουν κανέναν άλλον ύπνο

Παρά την σκιά,

Την οποία εσύ συμπονετικά ρίχνεις επάνω μας

Στο σούρουπο

Της αληθινής νύχτας.

Δεν σε αισθάνονται

Στη χρυσή πλημμύρα των σταφυλιών

Στης αμυγδαλιάς

Το θαυματουργό έλαιο

Και τον καστανό χυμό της παπαρούνας.

Δεν γνωρίζουν

Πως είσαι εσύ εκείνος,

Που στου τρυφερού κοριτσιού

Τον κόρφο περιπλανιέσαι

Και κάνεις την αγκαλιά ουρανό —

Δεν υποψιάζονται,

Πως από παλιές ιστορίες
Ανοίγοντας τον ουρανό πλησιάζεις
Και κουβαλάς το κλειδί
Για τις κατοικίες των ευλογημένων,
Άπειρων μυστικών
Σιωπηλέ αγγελιαφόρε.

[3.]

Κάποτε όταν έχυνα δάκρυα πικρά — Όταν διαλυμένη έλιωνε στον πόνο η ελπίδα μου και μόνος στεκόμουν στον κάτισχνο χωμάτινο τάφο, που στον στενό, σκοτεινό χώρο έκρυβε τη μορφή της ζωής μου, Μόνος, όπως κανένας μοναχικός δεν ήταν ποτέ, παρακινούμενος από ανείπωτο φόβο, Αδύναμος, μόνο μια σκέψη της δυστυχίας πλέον, — Καθώς κοιτούσα εκεί για βοήθεια, να πάω μπροστά δεν μπορούσα και μήτε προς τα πίσω — και κρεμόμουν στη φευγαλέα, τη σβησμένη ζωή με άπειρη λαχτάρα — τότε ήρθε από τον γαλανό ουρανό, Από τα ύψη της παλιάς μου ευδαιμονίας ένα ρίγος λυκόφωτος — Και μονομιάς σκίστηκε το νήμα της γέννας, τα δεσμά του φωτός — Μακριά πέταξε το γήινο μεγαλείο κι η θλίψη μου μαζί του. Μαζί κύλησε η μελαγχολία σε έναν νέο ανεξιχνίαστο κόσμο — Εσύ νυχτερινέ ενθουσιασμέ, γλυκέ ύπνε του ουρανού με κυρίευσες. Ο τόπος ανέβηκε απαλά προς τα πάνω — και πάνω από τον τόπο αιωρείτο το απελεύθερο, νεογέννητο πνεύμα μου. Σύννεφο σκόνης έγινε ο χωμάτινος τάφος — και μέσα του είδα την εκστατική μορφή της αγαπημένης — Στα μάτια της αναπαυόταν η αιωνιότητα — έπιασα τα χέρια της, και τα δάκρυα έγιναν μια αστραφτερή, άρρηκτη κορδέλα. Χιλιάδες χρόνια αποτραβιόνταν κάτω στα ξένα, σαν καταιγίδα — Στον λαιμό της έκλαψα για τη νέα ζωή με δάκρυα ενθουσιασμού. Ήταν το πρώτο όνειρο μέσα σου. Πέρασε, αλλά η αναλαμπή του παρέμεινε η αιώνια, αμετάβλητη πίστη στον νυχτερινό ουρανό και τον ήλιο του, στην αγαπημένη μου.

[4.]

Τώρα ξέρω πότε θα έρθει η τελευταία αυγή — όταν το φως δεν θα διώχνει πια τη νύχτα και την αγάπη, όταν ο γλυκός ύπνος θα είναι αιώνιος και μόνο Ένα ανεξάντλητο όνειρο. Η ουράνια κούραση δεν θα με εγκαταλείψει πλέον ποτέ πια. Μακρύ και κουραστικό ήταν το προσκύνημα στον ιερό τάφο, και βαρύς ο σταυρός. Όποιος μια φορά το στόμα του έβρεξε στο κρυστάλλινο κύμα, που ακατάληπτο στις κοινές αισθήσεις, αναβλύζει στου τάφου τη σκοτεινή αγκαλιά, και στα πόδια του σκάει η γήινη πλημμύρα, όποιος πάνω στεκόταν στο διάσελο του κόσμου, και κοίταξε πέρα στη νέα γη, στην κατοικία της νύχτας, Πράγματι αυτός δεν γυρνά πίσω στον χαμό του κόσμου, στη γη, όπου το φως κυβερνά και κατοικεί αιώνια ανησυχία. Ψηλά χτίζει καλύβες, καλύβες ειρήνης, νοσταλγεί και αγαπά, κοιτάζει πέρα, μέχρι που η πιο ευπρόσδεκτη από όλες τις ώρες τον τραβάει κάτω στο πηγάδι της πηγής. Κάθε τι το γήινο κολυμπάει εκεί πάνω και εκβράζεται από τα ύψη, όμως ό,τι ιερό έγινε μέσα από της αγάπης το άγγιγμα, κυλάει διαλυμένο σε κρυφές οδούς προς εκείνον τον πέρα τόπο, όπου σαν τα σύννεφα αναμειγνύεται με κοιμισμένες αγάπες.

Ακόμα ξυπνάς
Πρόσχαρο φως,
Τον κουρασμένο για δουλειά —
Χαρούμενη ζωή μου ενσταλάζεις.
Αλλά δεν με παρασύρεις
Από της ανάμνησης
Το λασπωμένο μνημείο.
Με χαρά θέλω

Να αγγίξω τα φιλόπονα χέρια,
Να κοιτάξω παντού,
Όπου με χρειάζεσαι,
Να υμνήσω της λάμψης σου
Το μεγαλείο,
Ακούραστα να ακολουθήσω
Την όμορφη συνοχή
Του περίτεχνου έργου σου
Χαρούμενα να παρατηρήσω
Τη σημαίνουσα πορεία
Του θεόρατου
Φωτεινού ρολογιού σου,
Να ανακαλύψω των δυνάμεων
Τη συμμετρία
Και τους κανόνες
Του θαυμαστού παιχνιδιού
Αμέτρητων τόπων
Και των χρόνων τους.
Όμως πιστή στη νύχτα
Μένει η κρυφή μου καρδιά
Και στην κόρη της

Τη δημιουργό αγάπη.
Μπορείς να μου δείξεις
μια αιώνια πιστή καρδιά;
Έχει ο ήλιος σου
Φιλικά μάτια,
Που με αναγνωρίζουν;
Αγγίζουν τα αστέρια σου
Τα όλο λαχτάρα χέρια μου;
Μου δίνουν ξανά
το τρυφερό άγγιγμα;
Εσύ τα κόσμησες
Με χρώματα
Κι ανάλαφρα σχήματα;
Ή ήταν εκείνη
Που έδωσε στον στολισμό σου
Πιο υψηλή, πιο αγαπητή σημασία;
Ποια λαγνεία,
Ποια απόλαυση
Προσφέρει η ζωή σου,
Που αντισταθμίζουν
Του θανάτου τις σαγήνες;

Δεν κουβαλούν όλα
Όσα μας συναρπάζουν
Το χρώμα της νύχτας —
Σε κουβαλάει μητρικά,
Και σε εκείνην χρωστάς
Όλη σου την μεγαλοπρέπεια.
Διαλυόσουν
Μέσα σου
Στον απέραντο χώρο
Έλιωνες,
Αν εκείνη δεν σε κρατούσε —
Αν δεν σε έδενε,
Ώστε να ζεσταθείς
Και με φλόγα
Να γεννήσεις τον κόσμο.
Πράγματι υπήρχα, πριν υπάρξεις.
Η Μητέρα με έστειλε
Με τα αδέρφια μου
Να κατοικήσω τον κόσμο σου,
Να τον καθαγιάσω
Με αγάπη.

Να δώσω

Ανθρώπινο νόημα

Στα πλάσματά σου.

Ακόμα δεν ωρίμασαν

Αυτοί οι θεϊκοί στοχασμοί.

Ακόμα τα ίχνη

Της αποκάλυψής μας

Είναι λίγα.

Κάποτε θα σημάνει το ρολόι σου

Το τέλος του χρόνου,

Όταν θα γίνεις

Σαν ένας από εμάς

Και γεμάτος λαχτάρα

Σβήσεις και πεθάνεις.

Μέσα μου νιώθω

της πολυπραγμοσύνης το τέλος,

ουράνια ελευθερία,

μακάρια επιστροφή,

Με άγριους πόνους

αναγνωρίζω την απόστασή σου

από την πατρίδα μας

Την αντίστασή σου
Ενάντια στον παλιό,
Κραταιό ουρανό.
Η οργή σου
Και η μανία σου είναι μάταιες.
Άκαυστος
Ορθώνεται ο σταυρός,
Σημαία νίκης
Του γένους μας.
Στην άλλη μεριά περπατώ,
Και κάθε πόνος
Κάποτε ένα αγκάθι
Του πόθου θα γίνει.
Ακόμα λίγο καιρό,
Ελεύθερος θα 'μαι
Και σε μέθη θα κείτομαι
Στης αγάπης την αγκαλιά.
Ατελείωτη ζωή
Κυματίζει δυνατά μέσα μου
Κοιτάζω από ψηλά
Κάτω για εσένα.

Σε εκείνον τον χωμάτινο τάφο

Η λάμψη σου σβήνει

Μια σκιά φέρνει

Το δροσερό στεφάνι

Ω! πιες αγαπημένε

Εμένα με βία

Ώστε σε λίγο για πάντα

Να μπορώ να πεθάνω.

Νιώθω του θανάτου

Την αναζωογονητική πλημμύρα,

Και γεμάτος θάρρος μένω

Στις καταιγίδες της ζωής

[5.]

Στων ανθρώπων
Τις σκόρπιες γενιές
Κυριαρχούσε πριν καιρούς
Μια σιδερένια μοίρα
Με βία σιωπηλή.
Σκοτεινά
Βαριά δεσμά
Απλώνονταν γύρω από
Τη φοβισμένη ψυχή τους.
Αχανής ήταν η γη,
Των θεών κατοικία

Και πατρίδα τους.
Γεμάτη μικρούς θησαυρούς
Και θεσπέσια θαύματα.
Από αιωνιότητες
Ορθωνόταν το γεμάτο μυστήρια κτίσμα τους.
Πάνω από της αυγής
Τα γαλανά βουνά
Στης θάλασσας
Την ιερή αγκαλιά
Κατοικούσε ο ήλιος
Που τα πάντα φλέγει
Το ζωντανό φως.
Ένας αρχαίος γίγας
Κουβαλούσε τον ευλογημένο κόσμο.
Στέρεα κάτω από όρη
Κείτονταν οι αρχέγονοι γιοι
Της μητέρας γης —
Ανίσχυροι
Στην καταστροφική τους οργή
Ενάντια στο νέο
Ένδοξο γένος των θεών,

Και των φίλιων
Πρόσχαρων ανθρώπων.
Της θάλασσας τα σκοτεινά
Γαλάζια βάθη
Ήταν η αγκαλιά μιας θεάς.
Πλήθη επουράνια
Κατοικούσαν με χαρμόσυνη ηδονή
Στις κρυστάλλινες σπηλιές —
Ποτάμια και δέντρα
Λουλούδια και ζώα
Είχαν ανθρώπινο νου.
Γλυκύτερη γεύση είχε το κρασί
Γιατί η ανθηρή νιότη των θεών
Κερνούσε τους ανθρώπους —
Του χρυσού κόκκου
Οι γεμάτες θημωνιές
Ήταν ένα θείο δώρο.
Της αγάπης οι εκστατικές χαρές
Μια θεία λειτουργία
Της επουράνιας ομορφιάς.
Έτσι ήταν η ζωή

Μια παντοτινή γιορτή
Των θεών και των ανθρώπων.
Και σαν παιδιά τιμούσαν
Όλα τα γένη
Την απαλή, πολύτιμη Φλόγα
Ως το ύψιστο του κόσμου.
Μία σκέψη μόνο ήταν ετούτο,

Που φοβερά πλησίαζε τα χαρωπά γλέντια
Και τον νου σε άγριο τρόμο τύλιγε.
Εδώ ακόμα κι οι θεοί δεν είχαν καμιά συμβουλή,
Τον νου με γλυκιά παρηγοριά να γεμίζει,
Γεμάτο μυστικά ήταν τούτου του δαίμονα το μονοπάτι
Την οργή του καμιά ικεσία και κανένα τάμα δεν χόρ-
ταινε —
Ήταν ο θάνατος, που ετούτο το ηδονικό γλέντι
Με φόβο και πόνο και δάκρυα διέκοψε.

Αιώνια τώρα από όλα αποκομμένος,
Κάτι που εδώθε την καρδιά με γλυκό πόθο ταράζει —
Χωρισμένος από τους αγαπημένους, που εδώ κάτω

Η μάταιη λαχτάρα, κι ο βαρύς πόνος τους κινεί,
Φάνηκε όνειρο μουντό για τον νεκρό μόνο προορισμένο,
Ανήμπορος αγώνας σε εκείνον επιβεβλημένος.
Σπασμένο ήταν το κύμα της απόλαυσης
Στα βράχια της απέραντης πικρίας.

Με τολμηρό πνεύμα και υψηλή λάμψη του νου
Ομόρφαινε ο άνθρωπος τη φρικτή μάσκα —
Ένας ωχρός έφηβος σβήνει το φως και αναπαύεται —
Πράο θα είναι το τέλος, σαν την πνοή της άρπας —
Λιώνει η μνήμη σε μια δροσερή πλημμύρα σκιάς,
Η ποίηση τραγούδησε στη θλιβερή ανάγκη
Όμως ανεξήγητη έμεινε η αιώνια νύχτα,
Σημάδι αυστηρό μιας εξουσίας απόμακρης.

Στο τέλος του έγερνε
Ο αρχαίος κόσμος.
Του νέου γένους
Ο πρόσχαρος κήπος
Μαραινόταν,

Και έξω

Στον ελεύθερο τόπο

Κινούσαν οι ενήλικες

Πρώιμα γερασμένοι άνθρωποι.

Οι θεοί είχαν χαθεί.

Μονάχη και άψυχη

Στεκόταν η φύση,

Ξεψυχισμένη από τον αυστηρό αριθμό

Και τη σιδερένια αλυσίδα.

Νόμοι έγιναν,

Και σε έννοιες

Σαν μέσα σε σκόνη και αέρα

Διαλυόταν το απροσμέτρητο άνθος

της μυριόμορφης ζωής.

Είχε χαθεί

Η παντοδύναμη πίστη

και η σύντροφος του ουρανού

Η φαντασία

Που τα πάντα μεταμορφώνει

Και τα πάντα εξαδελφίζει.

Εχθρικά φύσηξε

Ένας ψυχρός βόρειος άνεμος
Στον παγωμένο κάμπο,
Κι η θαυμαστή πατρίδα
Εξανεμίστηκε στον αιθέρα,
Και του ουρανού
Τα άπειρα πέρατα
γεμίσαν με φωτεινούς κόσμους.
Στο πιο βαθύ ιερό
Στου νου τον υψηλότερο τόπο
Κίνησε η ψυχή του κόσμου
Μαζί με τις δυνάμεις της,
Ώστε να κυριαρχεί εκεί
Μέχρι τον ερχομό
Της καινούργιας ημέρας,
Του ύψιστου μεγαλείου του κόσμου.
Δεν ήταν πια το φως
Των θεών κατοικία.
Κι ουράνιο σημάδι —
Το πέπλο της νύχτας
Έριξαν επάνω τους,
Η νύχτα έγινε

Των αποκαλύψεων
Η πιο καρπερή αγκαλιά.
Ανάμεσα στους ανθρώπους,
Στον λαό, που από όλους
Περιφρονημένος,
Κι έτσι πρόωρα ώριμος
Και στην μακάρια αθωότητα
Της νιότης
Πεισματικά ξένος,
Εμφανίστηκε ο νέος κόσμος
Με πρωτόφαντο πρόσωπο —
Στη φτώχια
θαυμαστής καλύβας —
Γιος της πρώτης Παρθένου και Μητέρας —
Μυστικού εναγκαλισμού
Απέραντος καρπός.
Της Ανατολής
Η προφητική, ανθηρή
Σοφία
Αναγνώρισε πρώτη
Της νέας εποχής το ξεκίνημα.

Ένα αστέρι της έδειξε τον δρόμο
Προς του βασιλιά
Την ταπεινή κοιτίδα.
Στο όνομα του μακρινού μέλλοντος
Τον προσκύνησε
Με λάμψη και μύρο
Τα ύψιστα θαύματα της φύσης.
Μοναχικά ξεδιπλώθηκε
Η ουράνια καρδιά
Στης αγάπης
Την λαμπερή αγκαλιά
Στου Πατέρα την ύψιστη όψη στραμμένη —
Και αναπαυόμενη στα προφητικά μακάρια στήθη
Της γλυκά αυστηρής Μητέρας.
Με θείο πάθος
Κοιτούσε το προφητικό μάτι
Του παιδιού που άνθιζε
Τις μέρες του μέλλοντος,
Έψαχνε τους αγαπημένους του,
Τους απόγονους της θεϊκής γενιάς του,
Αμέριμνο για τη μοίρα

Των ημερών του στη γη.
Σύντομα μαζεύτηκαν τα πιο αθώα πνεύματα
Θαυματουργά συγκινημένα
Από την παντοδύναμη αγάπη
Γύρω του.
Σαν τα λουλούδια βλάσταινε
Μια νέα, άγνωστη ζωή
Πλησίον του —
Ανεξάντλητος λόγος
Και τα πιο πρόσχαρα κηρύγματα
Έβγαιναν σαν σπίθες
Ενός θείου πνεύματος
Από τα φίλια χείλη του.
Από μακρινή ακτή
Κάτω από της Ελλάδας
Τον καθαρό ουρανό γεννημένος
Ήρθε ένας βάρδος
Στην Παλαιστίνη
Και έδωσε όλη του την καρδιά
Στο θαυματουργό παιδί:

Ο έφηβος είσαι εσύ, που από πολύ καιρό
Στα μνήματά μας στέκεσαι με σκέψη βαθιά —
Παρήγορο σημάδι μες τη σκοτεινιά
Των ύψιστων ανθρώπων χαρμόσυνη αρχή·
Ό,τι μας βούλιαξε σε θλίψη βαθιά,
Μας τραβάει με γλυκιά λαχτάρα τώρα από εδώ.
Μέσα στον θάνατο φανερώθηκε η αιώνια ζωή —
Εσύ είσαι ο θάνατος κι εσύ μόνο μας θεραπεύεις.

Ο βάρδος πήγε
Γεμάτος χαρά
Στο Ινδουστάν
Και πήρε μαζί του μια καρδιά
Γεμάτη παντοτινή αγάπη,
Και την άδειασε
Με πύρινα τραγούδια
Κάτω από αυτόν τον απαλό ουρανό,
Που με μεγαλύτερη οικειότητα
Αγκαλιάζει τη γη,
Έτσι που χιλιάδες καρδιές
Υποκλίνονταν σε εκείνον

Και το χαρμόσυνο μήνυμα
Μεγάλωνε χίλιες φορές διακλαδισμένο.
Λίγο μετά από του βάρδου τον αποχαιρετισμό
Η πολύτιμη ζωή
Έπεσε θύμα της βαθιάς
Κατάρρευσης του ανθρώπου —
Εκείνος πέθανε σε νεαρή ηλικία
Ξεριζωμένος
Από τον αγαπημένο κόσμο,
Από την κλαίουσα Μητέρα
και τους φίλους του.
Των ανείπωτων οδυνών
Το σκοτεινό δισκοπότηρο
Άδειασε το θεϊκό στόμα,
Με φρικτό φόβο
Τον πλησίαζε η ώρα της γέννησης
Του νέου κόσμου.
Σκληρά πάλευε με του παλιού θανάτου τον τρόμο
Κειτόταν το βάρος του παλιού κόσμου πάνω του
Για στερνή φορά έριξε μια φιλική ματιά προς τη Μητέρα —

Τότε ήρθε της αιώνιας αγάπης
Το λυτρωτικό χέρι —
Και ξεψύχησε.
Για λίγες μόνο ημέρες
Κρεμόταν βαθύ ένα πέπλο
Πάνω από τη φουρτουνιασμένη θάλασσα,
πάνω από τη σκοτεινή, σειώμενη γη
Αμέτρητα δάκρυα
Κυλούσαν από τους αγαπημένους.
Έσπασε η σφραγίδα του μυστικού,
Ουράνια πνεύματα ανύψωναν
Την πανάρχαια πέτρα
Από τον σκοτεινό τάφο —
Άγγελοι κάθονταν δίπλα στον πεθαμένο,
Αγαπημένων ονείρων
Ευαίσθητο έμβλημα.
Ανήλθε με νέο θεϊκό μεγαλείο
Αναστημένος στα ύψη
Του ανανεωμένου, νεογέννητου κόσμου,
Έθαψε με το ίδιο του το χέρι
Τον παλιό κόσμο που πέθανε μαζί του

Στην εγκαταλειμμένη σπηλιά
Και κύλησε με πανίσχυρη δύναμη
Την πέτρα, που καμία εξουσία δεν μπορεί να σηκώσει,
επάνω της.

Ακόμα κλαίνε οι αγαπημένοι σου
Δάκρυα χαράς
Δάκρυα συγκίνησης
Και απέραντης ευγνωμοσύνης
Στον τάφο σου —
Σε βλέπουν ακόμα
Χαρμόσυνα φοβισμένοι
Να ανασταίνεσαι —
Και τον εαυτό τους μαζί σου —
Με πάθος γλυκό
Να κλαις στης Μητέρας
Το ευλογημένο στήθος
Και στων φίλων
Την πιστή καρδιά —
Να σπεύδεις γεμάτος λαχτάρα

Στου Πατέρα την αγκαλιά,
Κουβαλώντας τη νεαρή,
Παιδική ανθρωπότητα
Και του χρυσού μέλλοντος
Το αστείρευτο πιοτό.
Η Μητέρα έσπευσε σύντομα κατόπιν σου
Με ουράνιο θρίαμβο —
Πρώτη ήταν
Στη νέα πατρίδα
Δίπλα σου.
Μακρύς καιρός
Πέρασε από τότε,
Και με πάντα υψηλότερο θάμβος
Χτιζόταν η νέα σου δημιουργία
Και χιλιάδες
Πέρα από πόνους και βάσανα
Γεμάτοι πίστη και λαχτάρα
Και αφοσίωση σε ακολούθησαν,
Βασιλεύουν μαζί σου
Και με την ουράνια Παρθένο
Στο βασίλειο της αγάπης

Και υπηρετούν στο ναό
Του επουράνιου θανάτου.

Ανυψώθηκε η πέτρα
Η ανθρωπότητα αναστήθηκε
Εμείς όλοι παραμένουμε δικοί σου
Και δεν μας κρατούν δεσμά.
Χάνεται ο πιο πικρός καημός
μπρος στη χρυσή σου κούπα,
Όταν γη και ζωή δίνουν τόπο.
Στο τελευταίο δείπνο.

Σε γάμο καλεί ο θάνατος
Τα λυχνάρια καίνε φωτεινά
Οι παρθένες είναι στη θέση τους
Για έλαιο δεν υπάρχει ανάγκη.
Ας αντηχούσε στα ξένα
Η πορεία σου η μακρά,
Κι ας μας καλούσαν τα αστέρια
Με ανθρώπινη λαλιά.

Προς εσένα, Μαρία, ανυψώνονται
Ήδη χιλιάδες καρδιές,
Σε ετούτη της σκιάς ζωή
Αποζητούν μόνο εσένα.
Εύχονται να ιαθούν
Με προφητική χαρά
Τους αγκαλιάζεις, Άγιο ον,
Στο πιστό σου στήθος.

Έτσι όσοι φλεγόμενοι
σε βάσανα αναλώθηκαν πικρά
Από ετούτον δραπετεύοντας τον κόσμο
Επέστρεψαν σε εσένα,
Και μας φάνηκαν χρήσιμοι
Σε κάποια ανάγκη και πόνο —
Σε εκείνους ερχόμαστε τώρα
Ώστε αιώνια να είμαστε εκεί.

Τώρα δεν κλαίει σε κανέναν τάφο,
Από πόνο, όποιος αγαπώντας πιστεύει.
Της αγάπης το γλυκό βιός
Δεν κλέβεται από κανέναν.
Πιστά ουράνια παιδιά
Φυλάσσουν την καρδιά του·
Την λαχτάρα του για να απαλύνει,
Τον εμψυχώνει η νύχτα.

Παρήγορα η ζωή καλπάζει
Προς την αιώνια ζωή,
Από εσώτερη λάμψη διευρυμένος
εκστατικός μένει ο δικός μας νους.
Των αστεριών ο κόσμος θα λιώσει
σε χρυσό κρασί της ζωής,
Εμείς θα τα γευτούμε
Κι άστρα θα γίνουμε φωτεινά.

Η αγάπη δόθηκε ελεύθερα
Και κανείς πια αποχωρισμός.

Κυματίζει ολόκληρη η ζωή
Σαν απέραντη θάλασσα —
Μόνο Μια νύχτα ευδαιμονίας
Ένα αιώνιο ποίημα —
Κι όλων μας ο ήλιος
Η όψη του θεού.

[6.]

[Λαχτάρα για τον θάνατο]

Κάτω στης γης την αγκαλιά,
Μακριά από του φωτός τα βασίλεια!
Των πόνων η οργή και ο άγριος χτύπος
Χαρμόσυνο είναι σημάδι αναχώρησης.
Φτάνουμε μες τη βάρκα τη στενή
γοργά στου ουρανού την ακτή.

Ευλογημένη η νύχτα η αιώνια,
Ευλογημένος ο αιώνιος ύπνος,

Η μέρα μας έχει ζεστάνει
Και μαράθηκε ο μακρύς καημός.
Ο πόθος των ξένων τόπων μας τελείωσε,
Στο σπίτι του Πατέρα θέλουμε να επιστρέψουμε.

Τι ψάχνουμε στον κόσμο αυτόν
Με την αγάπη και την πίστη μας —
Το παλιό μένει πίσω,
Τι να μας κάνει το καινούργιο;
Ω! μοναχικός στέκεται και βαθιά θλιμμένος,
Όποιος με θέρμη και ευλάβεια τους παλιούς καιρούς
αγαπά.

Τότε όπου οι αισθήσεις φωτεινά
Με φλόγες καίγανε ψηλές,
Που του Πατέρα χείρα και μορφή
Οι άνθρωποι ακόμα αναγνώριζαν,
Και με αίσθηση υψηλή κι αγαθή
Κάποιοι ακόμα στην εικόνα του έμοιαζαν.

Στο παρελθόν, όπου ακόμα γεμάτες ανθούς
Πανάρχαιες φυλές άκμαζαν,
Και παιδιά για το βασίλειο του ουρανού
Το μαρτύριο και τον θάνατο αποζητούσαν.
Κι αν πόθος και ζωή μιλούσαν
Κάποιες καρδιές για αγάπη ράγιζαν.

Στο παρελθόν, όπου στη φλόγα της νιότης
Ο ίδιος ο θεός φανέρωσε εαυτόν
Και πρώιμος θάνατος με θαρραλέα αγάπη
καθαγίασε τη γλυκιά του ζωή.
Και δίχως φόβο και πόνο να αποδιώξει,
Ώστε για εμάς πολύτιμος να μείνει.

Με αγωνία και λαχτάρα αυτά θωρούμε
Στη σκοτεινή νύχτα καλυμμένα,
Σε αυτήν τη ζωή ποτέ
Η καυτή δίψα δεν σβήνει.
Πρέπει να κινήσουμε για την πατρίδα,
Για να δούμε τα άγια εκείνα χρόνια.

ΤΟ ΒΙΒΛΙΟ «ΥΜΝΟΙ ΣΤΗ ΝΥΧΤΑ» ΤΟΥ ΝΟΒΑΛΙΣ

ΣΕ ΜΕΤΑΦΡΑΣΗ ΓΡΗΓΟΡΗ ΒΑΛΑΤΣΟΥ

ΤΥΠΩΘΗΚΕ ΣΤΟ «grafima media } creative } print»

ΓΙΑ ΛΟΓΑΡΙΑΣΜΟ ΤΩΝ ΕΚΔΟΣΕΩΝ ΣΤΕΓΗ

ΤΟΝ ΟΚΤΩΒΡΙΟ ΤΟΥ 2024

ΤΟ ΕΞΩΦΥΛΛΟ ΔΗΜΙΟΥΡΓΗΘΗΚΕ

ΑΠΟ ΤΟ ΑΤΕΛΙΕ ΤΩΝ ΕΚΔΟΣΕΩΝ ΣΤΕΓΗ